我的情緒小日記
My Journal of Feelings

這本日記的主人是 ______________________

生活中的大小事，什麼讓你煩心？

什麼讓你歡喜？什麼讓你害怕？

請隨著 SEL 繪本三本書的角色進入他們的內心世界，

聽聽看他們怎麼說？

再試著畫出、寫下你的心裡話，刻劃自己的心情起伏，

透過溫柔的自我對話，會更了解自己、

更懂得如何善待自己與他人。

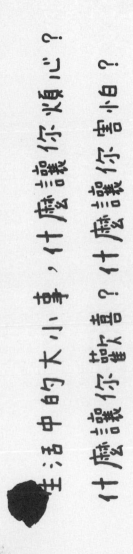

《這有什麼好怕的？》

文 羅怡君　圖 Mori 三木森

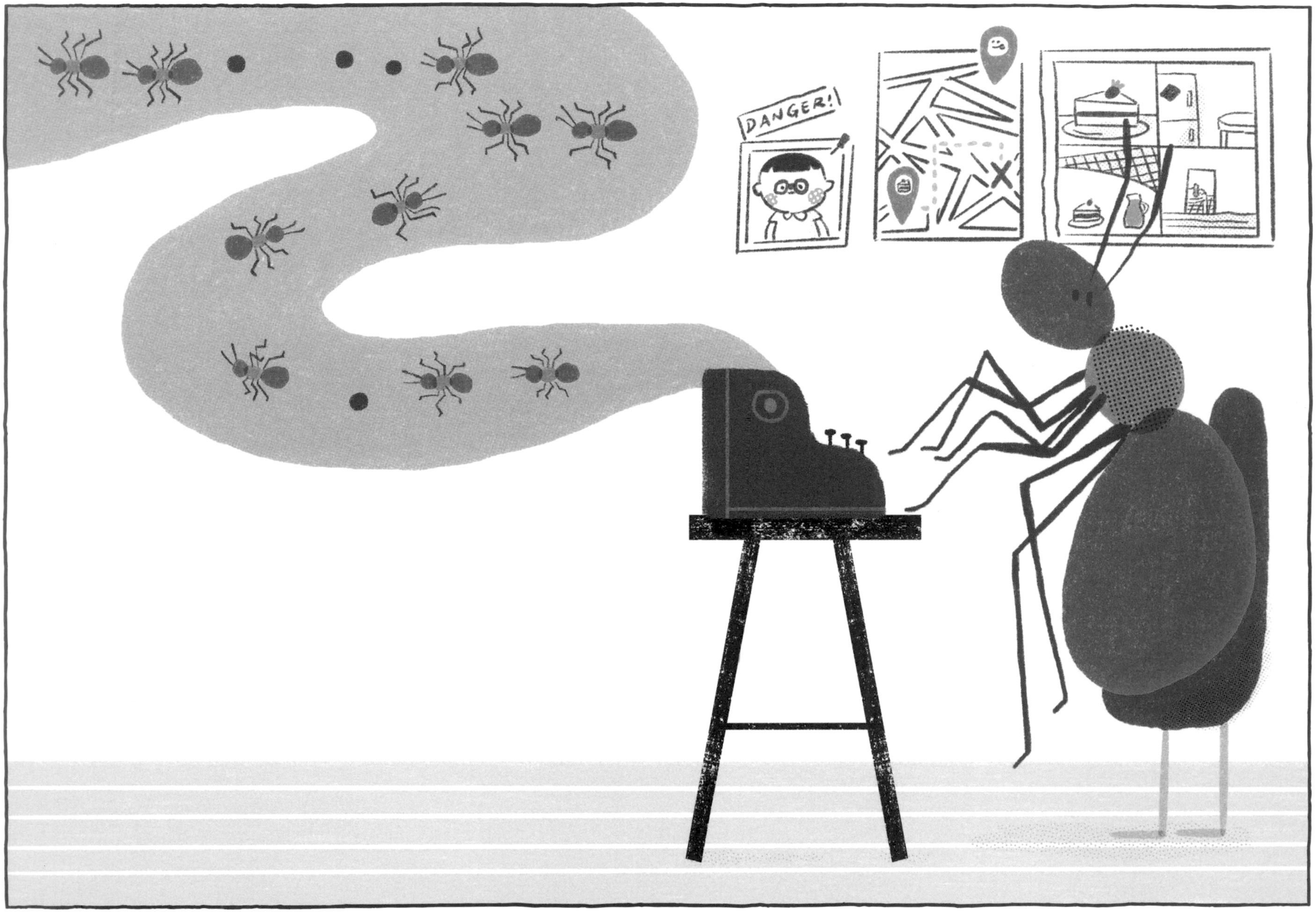

上

小朋友的話

螞蟻是世界上最可怕的東西，牠們可以搬得動比自己重一千倍的東西、可以殺死一頭大象，而且牠們無所不在，現在說不定正在組織大軍、準備進攻人類世界了！我該怎麼辦？

心理師的話

有時候，害怕就像壞掉的水龍頭，嘩啦嘩啦的流個不停，關不起來。就算事情不太可能會發生，或者在別人眼中根本沒什麼好怕的，但只要腦袋瓜開始出現那個想法或畫面，就會忍不住越想越害怕。

雖然每個人害怕的事情不一樣，但這樣的感覺其實很多人都有過。當害怕的感覺變得越來越強大，讓你的腦袋瓜停不下來、身體覺得好累時，可以試著做深呼吸，讓自己冷靜下來。先深深的吸一口氣，想像你把冷冷的空氣吸進去，讓快爆炸的大腦溫度降下來，接著再慢慢的吐氣，將裡面熱熱的感覺吐出來。

這時你會發現，水龍頭好像被關小了一點，雖然害怕還在，但已經沒那麼強、那麼大了。你還可以把它寫下來或畫下來，讓它不必跟著你，你就可以繼續享受其他有趣的事情囉！

《賽米希的煩惱》

文圖 陳又凌

小朋友的話

我好煩惱！大家跟我說，只要逃走、大吼就可以甩開煩惱，但這些方法都對我沒有用。直到小魚告訴我：「只要改變想法，換一個角度來看煩惱就可以囉！」我可以從什麼其他角度來看待這件事呢？

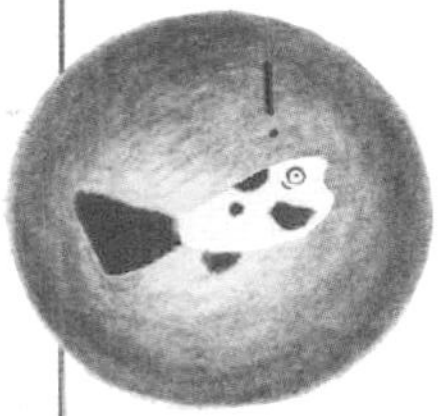

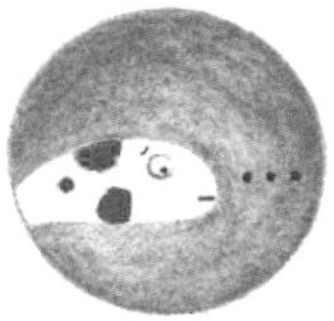

心理師的話

煩惱常會帶來不舒服的感覺，它的威力甚至大到讓我們無法去做想做或該做的事情，難怪碰到煩惱的人，總是很想趕快把煩惱趕走。

其實，煩惱並沒有用繩子綁住我們的手和腳，它綁住的是我們的「想法」。當我們一直想著我「一定要……」、這「應該要……」，或是「非……不可」的時候，大腦就會像「一、二、三，木頭人」一樣，整個僵住不動，看不到其他的選擇。這時候，只要把「木頭腦」變成「彈簧腦」，就會發現不同的想法和做法。

想要有個彈簧腦，你可以多練習「也沒關係」和「也很好」這兩句話。就像賽米希可以跟自己說「沒有畫出我想要的樣子也沒關係」，以及「畫出不同的樣子也很好」，當你學會說這兩句通關密語時，你將擁有幫助自己擺脫煩惱的彈簧腦喔！

《三個橘色的點》

文圖 張筱琦

小朋友的話

好討厭，橘色的點為什麼一直跟著我？我故意大口吃著橘子，想嚇跑橘色的點，但似乎沒有什麼效果，到底要怎麼做，才能甩開這些點點呢？

心理師的話

你曾經遇過什麼很像橘色點點的「東西」嗎？它們不知道什麼時候就突然出現了！你覺得很討厭，也試了各種辦法想要甩掉它們，但它們還是緊緊跟著你，讓你好無奈。

這個東西有可能是讓你不舒服的情緒，也可能是別人對你的看法和嘲笑，甚至當你不滿意自己時，「自己什麼都做不好」的想法也會變成橘色點點。奇怪的是，當你討厭自己的情緒、在意別人的看法，或者相信自己真的很糟糕時，那些東西都會變得更強大也更難甩掉。

建議你跟信任的人說說心裡的感受，就像有人幫你撈走橘色點點一樣。你也可以在內心幫自己戴上帽子，暫時不去看這些東西，或許過一陣子它們自己會消失。最後，試著找到讓你愉快、平靜、有信心的情緒或話語，橘色點點會變得越來越透明，甚至不見了喔！

你今天過得怎麼樣呢？請畫下今天的心情吧！

月　日　天氣：

我今天的心情是（可複選）：

☐開心　☐難過　☐興奮　☐緊張　☐幸福　☐害怕

☐平靜　☐委屈　☐挫折　☐生氣

這是因為：

整體來說，我覺得我做得很：

如果可以重來的話，我會：

你今天過得怎麼樣呢？請畫下今天的心情吧！

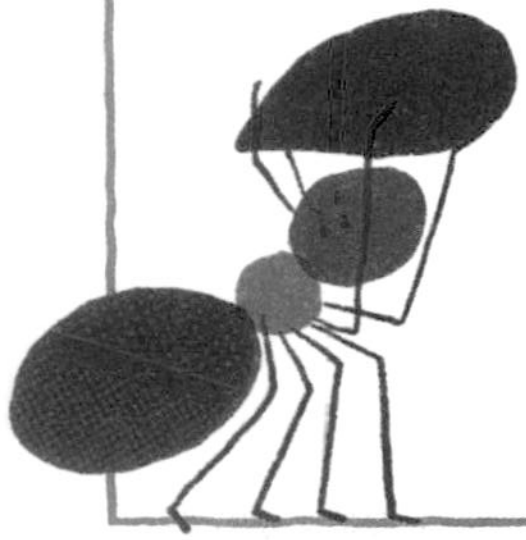

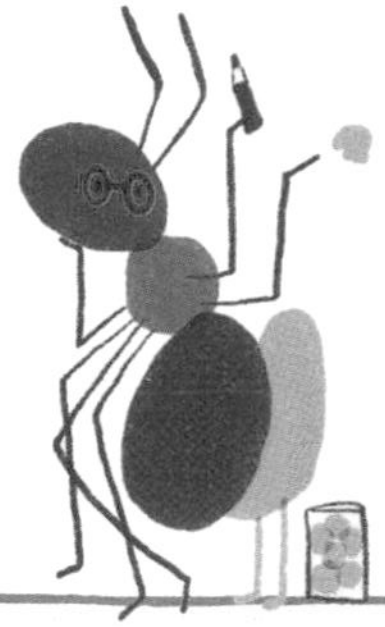

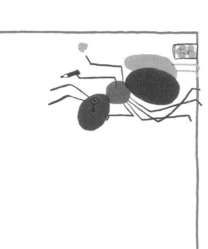

月　日　天氣：

今天發生了這件事：

我覺得自己（可複選）：

□超幸運　□有點沮喪　□很聰明　□小緊張

□很幸福　□嚇了一跳　□很可愛　□棒極了

□不太順利　□氣炸了

整體來說，我覺得我做得很：

如果可以重來的話，我會：

在愉悅的閱讀中，享有扎實的情緒學習

楊俐容　兒童青少年心理暨親職教育專家、耕心學院知識長

社會情緒學習 (SEL, Social and Emotional Learning) 是聯合國倡議、全球關注的教育焦點。SEL 的內涵包括自我覺察、自我管理、社會覺察、人際技巧與做出負責任的決策等五大能力面向，其中「對自我情緒的覺察和管理」是最基礎也最核心的環節。

生活中遇到的每件事情都會帶來情緒，無論愉快或不愉快，令人振奮還是讓人洩氣，每個情緒都是我們真實存在、無法抹去的一部份。然而，有些人懂得讓正向情緒駐留心底、化負向情緒為成長助力，有些人卻難以體會正向情緒帶來的愉悅，而且深受負向情緒困擾。這差別大大影響著一個人的學習效能、成就表現，人際關係、生活適應，甚至總體幸福感。可以說，學會理解情緒、管理情緒，是每個人一生受用的必修課！

許多研究指出，讓孩子接受系統化的課程活動，並透過引導，進行與生活經驗連結的互動討論，是提升孩子 SEL 能力最有效的方法。如果還能搭配閱讀 SEL 繪本小說、操作相關玩具、牌卡、桌遊等，孩子的 SEL 智慧發展將得到更豐富的滋養。

《這有什麼好怕的？》、《賽米希的煩惱》和《三個橘色的點》等三本書，分別以害怕、煩惱，以及被貼標籤的心理困擾為主題。透過精采的文字與圖像，孩子更容易理解這些生活中常見的情緒課題，未來處於類似情境時，他們會更能夠覺察並理解自己內在的情緒與背後的想法。而當孩子對情緒有精準深刻的理解後，他們也會更願意學習書中主角面對困擾的勇氣和解決問題的方法。

《這有什麼好怕的？》把害怕時常聽到的否定句發展成一個有趣的故事，幫助孩子從自問「有這麼可怕嗎？」到發現「原來沒那麼可怕！」的情緒管理能力。《賽米希的煩惱》引導孩子了解，我們會煩惱，往往是因為被自己的「想法」給綁住了。只要能夠轉換思考，換個角度看待事情，就能產生不同的想法、找到突破性的解方，煩惱也將一掃而空。

《三個橘色的點》以抽象的手法描繪所有盤據心理、揮之不去的困擾，包括讓人不舒服的負向情緒，以及別人對我們標籤的評價，甚至是我們對自己的不滿意等。充滿詩意的文字和圖像，好像沒有提供任何具體的答案，卻又讓孩子感受到被理解的溫暖，以及困擾有時候也會因為一些連我們自己都不知道的原因消失無蹤，從而得到撫慰。這種抽象卻真實的譬喻，可以跨越年歲，療癒所有人的心。

好的 SEL 繪本可以帶領讀者探索自己的內心，如果能提供相關知識和技巧練習，孩子將更能內化學習，實際運用在生活裡。編輯群非常貼心的設計了〈我的情緒小日記〉，其中包含我和張嘉紋心理師為孩子寫的三篇〈心理師的話〉，祈願孩子愉快的閱讀中，享有札實的情緒學習。

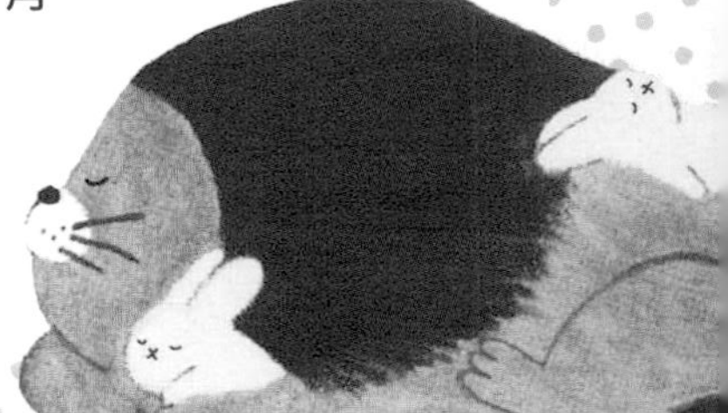
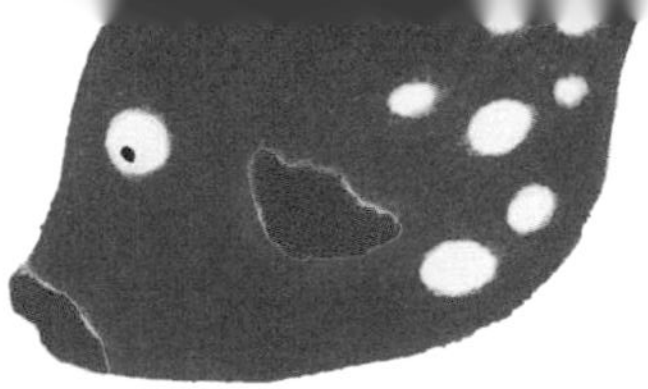
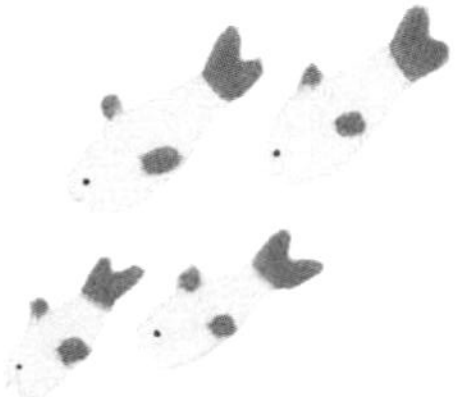

「自我覺察」是情緒管理的第一步！

探索內心世界，覺察真實的內在感受

特別收錄專家導讀，請掃 QR code

圖片出自《這有什麼好怕的？》文・羅怡君　圖・Mori 三木森

《賽米希的煩惱》文圖・陳又淩

《三個橘色的點》文圖・張筱琦

情緒小日記設計者｜楊俐容兒童青少年心理教育專家、張嘉紋心理師

非賣品
親子天下
BKKP0354S